Romina Zeller

# Raumplanung im Nationalsozialismus

## Der Dr.-Hellmuth-Plan für die Rhön (1933-45)

GRIN Verlag

**Bibliografische Information der Deutschen Nationalbibliothek:**

Die Deutsche Bibliothek verzeichnet diese Publikation in der Deutschen National-
bibliografie; detaillierte bibliografische Daten sind im Internet über http://dnb.d-
nb.de/ abrufbar.

**Impressum:**

Copyright © 2012 GRIN Verlag GmbH
Druck und Bindung: Books on Demand GmbH, Norderstedt Germany
ISBN: 978-3-656-28655-4

**Dieses Buch bei GRIN:**

http://www.grin.com/de/e-book/202447/raumplanung-im-nationalsozialismus

**GRIN - Your knowledge has value**

Der GRIN Verlag publiziert seit 1998 wissenschaftliche Arbeiten von Studenten, Hochschullehrern und anderen Akademikern als eBook und gedrucktes Buch. Die Verlagswebsite www.grin.com ist die ideale Plattform zur Veröffentlichung von Hausarbeiten, Abschlussarbeiten, wissenschaftlichen Aufsätzen, Dissertationen und Fachbüchern.

**Besuchen Sie uns im Internet:**

http://www.grin.com/

http://www.facebook.com/grincom

http://www.twitter.com/grin_com

Ruhr-Universität Bochum

Hauptseminar: „How Green Were The Nazis?" – Umweltgeschichte des
‚Dritten Reiches'

SS 2012

Raumplanung im Nationalsozialismus

Der Dr.-Hellmuth-Plan für die Rhön

(1933 – 1945)

# Inhaltsverzeichnis

# I. Einleitung

Die Raumplanung in der Bundesrepublik Deutschland hat besonders im 20. Jahrhundert zahlreiche Umwälzungen und Umbrüche erlebt. Dabei entwickelte sie sich von einem, zunächst regionalen, Planungsinstrument zu einer staatlichen Institution und wieder zurück zu regionalen Planungsinstitutionen, welche unter dem Dach des Bundesraumordnungsgesetzes agieren. Heutzutage ist sie eine anerkannte Disziplin, frei von ideologischen Prämissen und nicht, wie zur Zeit des Nationalsozialismus, eine Verschränkung von raumplanerischer Aufbauarbeit mit den Ideologien eines Regimes.

Die folgende Arbeit beschäftigt sich mit der Raumplanung im Nationalsozialismus am Beispiel der im Herzen Deutschlands gelegenen Rhön. Dort wurde vom mainfränkischen Gauleiter Dr. Otto Hellmuth gleich nach der 'Machtergreifung' der Nationalsozialisten, ein umfangreiches und allumfassendes Aufbauwerk in die Wege geleitet, welches als Musterbeispiel für die Verschränkung von Rassenideologie und Raumplanung galt. Ziel war es, die wirtschaftliche und soziale Struktur der kompletten Rhön im nationalsozialistischen Sinne neu zu ordnen und nach rassen-, agrar- und bevölkerungspolitischen Vorstellungen zu erschließen. Im Rahmen dessen kam es zu zahlreichen Enteignungen. Doch nicht nur das, denn tausende Menschen wurden gnadenlos durchmustert, kastriert, verschleppt oder ermordet.

In der Forschung haben die Vorgänge zu dieser Zeit in der Rhön bisher wenig Beachtung gefunden. Bisher gibt es zahlreiche Veröffentlichungen zur Raumplanung im Nationalsozialismus und besonders zum 'Generalplan Ost' und auch z.B. der Berliner Historiker Uwe Mai widmete sich ausgiebig dem Thema der Raumplanung im NS-Staat mit der Verschränkung von „Rasse und Raum". Dennoch erscheint der Dr.-Hellmuth-Plan in der Rhön, mit all seinen Vorgängen und Aspekten eher vereinzelt in der Forschung. Zu diesem Thema gibt es bisher ein umfassendes Werk, was vom ortsansässigen Historiker Joachim S. Hohmann mit Hilfe seiner Studenten zusammengetragen wurde. In seiner umfangreichen Studie legt dieser seine Forschungsergebnisse zu diesem Thema dar und trägt zahlreiche Dokumente zum Dr.-Hellmuth-Plan in einem ebenfalls umfangreichen Quellenband zusammen. Darin beschreibt er die Entwicklungen vor und während des Plans und geht besonders auf die Bedeutung für die Nationalsozialisten auf der einen und für die Rhönbevölkerung auf der anderen Seite ein.

Im Rahmen dieser Arbeit möchte ich zwei Fragestellungen nachgehen. Zum einen möchte ich herauszufinden inwieweit die nationalsozialistische Aufbauarbeit in der Rhön als Innovation gegolten haben kann oder ob es sich dabei eher um einen Kontinuität gehandelt hat, welche vorherige Planungen einfach übernommen hat und lediglich mit den NS-Ideologien aufgeladen wurde. Außerdem möchte ich dem Anspruch und der Wirklichkeit der Geschehnisse um den Dr.-Hellmuth-Plan nachgehen. Gefragt wird danach, ob die Rhön tatsächlich ein Notstandsgebiet gewesen ist und der Hilfe des Hellmuth Plans bedurfte und ob die Darstellung des Plans auch der Wirklichkeit der Umsetzung entsprochen hat.

Dazu soll zunächst dargestellt werden, was Raumplanung überhaupt ist und welche Aufgaben sie hat. Weiterhin möchte ich die Entwicklung der Raumplanung in Deutschland skizzieren, um anschließend die Bedeutung der Raumplanung während der NS-Zeit genauer zu beleuchten. Die folgenden Kapitel befassen sich ausschließlich mit der Rhön und zeigen zunächst die wirtschaftsstrukturellen Aspekte im Dr.-Hellmuth-Plan und dessen Entwicklung auf. Darauf folgend, gehe ich näher auf die rassenbiologische Durchleuchtung der Rhöndörfer und deren Ausmaß und Bedeutung ein. Das letzte Kapitel befasst sich schließlich genauer mit der Fragestellung, ob die Rhön ein Notstandsgebiet ist und greift unterschiedliche Aspekte zur Beantwortung der Frage auf.

## II. Was ist Raumplanung bzw. Raumordnung?

Der Begriff der „Raumordnung" ist „gesetzlich nicht definiert"[1], doch laut Georg Albers beinhaltet diese "das Bemühen um eine, den menschlichen Bedürfnissen entsprechende, Ordnung des räumlichen Zusammenlebens auf der Ebene von Regionen und Ländern".[2] Dieses Bemühen orientiert sich generell an unterschiedlichen Zielen, welche das Zusammenleben und Handeln von Menschen in einem bestimmten „Raum" beeinflussen.[3] In einem solchen Raum kommen unterschiedliche Faktoren, wie Wirtschaft, Erholung, Ernährung, Infrastruktur, Bildung etc. zusammen, was zu Konflikten führen kann.

Die Aufgabe der Raumplanung besteht nun darin, solchen Konflikten vorzubeugen bzw. die sich wandelnden und unterschiedlichen Anforderungen an den Raum auszugleichen. Die Raumordnung greift Aufgaben aus den oben genannten Gebieten heraus und versucht diese systematisch zu planen. Das Augenmerk liegt dabei grundsätzlich auf drei Bereichen: die längerfristige Konzeption, im Sinne von Richtlinien und planerischen Vorgaben (Nachhaltigkeit), die gleichmäßige räumliche Entwicklung d.h. Ausgleich zwischen wirtschaftlich starken und schwachen Regionen (Gleichwertigkeit) und Regionalentwicklung im Hinblick auf Ökonomie, Ökologie und sozialen Gefügen, um die Abwanderung in Peripherie-Räume zu verhindern (Regionalisierung).[4]

Die Entwicklung der systematischen Raumplanung in Deutschland beginnt in kleinen Ansätzen schon in den frühen Jahren des 20. Jahrhunderts, mit dem Aufkommen von Ballungsräumen im Zuge der Industrialisierung. Man begann damit, die Raumplanung unter dem Begriff der „Landesplanung" zu institutionalisieren und es bildeten sich raumplanerische Gemeinschaften, wie der Zweckverband Groß-Berlin (1911) oder der westfälische Siedlungsverband Ruhrkohlenbezirk (1920). Zu dieser Zeit handelte es sich bei der Raumordnung noch nicht um ein von oben

---

[1] Gesa Bartram: Die Ziele der Raumordnung. Ein Planungsinstrument im Spannungsfeld zwischen gewachsenem Steuerungsanspruch und verfassungsrechtlichen Anforderungen, Baden-Baden 2010 (Studien zu Staat, Recht und Verwaltung 20), S. 26 [i.F.z.a. Bartram: Raumordnung].
[2] Georg Albers: Stadtplanung, Darmstadt 1988, S. 4.
[3] Christian Langhagen-Rohrbach: Raumordnung und Raumplanung, Darmstadt ²2010 (GEOWISSEN Kompakt), S. 1; [i.F.z.a. Rohrbach: Raumordnung und Raumplanung].
[4] Ulrike Weiland und Sandra Wohlleber-Feller: Einführung in die Raum- und Umweltplanung, Paderborn 2007, S. 34.

gesteuertes Instrument und wurde keinesfalls als Aufgabe des Staates angesehen. Viel mehr entsprangen diese Bemühungen direkt von den betroffenen Städten bzw. Gebieten. Der Beginn einer übergeordneten Planung des Raumes ausgehend vom Staat, liegt zusammen mit der ‚Machtergreifung' der Nationalsozialisten im Jahre 1933. Die Raumplanung entwickelte sich im Dritten Reich zu einem „Machtinstrument der Nationalsozialisten" und wurde unmittelbar als „Errungenschaft" dieser bezeichnet.[5]

Diese Sichtweise erschwerte in der Nachkriegszeit die weitere Entwicklung der Raumplanung. In der Gesellschaft befürchtete man, dass eine zentrale Ordnung des Raumes, einer freiheitlichen Entwicklung der Bürger und der Marktwirtschaft entgegen stehe. Es war wahrscheinlich nicht nur diese Sichtweise, welche der Raumordnung den (erneuten) Weg auf eine höhere Ebene erschwerte, sondern wohl auch die Tatsache, dass die meisten der im Nationalsozialismus beschäftigten Raumplaner auch nach dem Krieg einen festen Platz in der Raumplanung der frühen Bundesrepublik hatten.[6]

Die erste rechtliche Festlegung einer übergeordneten Raumordnung auf Bundesebene folgte im Jahre 1965 mit der Verabschiedung des Bundesraumordnungsgesetzes (ROG).[7] Dieses Gesetz wurde seit seiner Einführung mehrfach geändert und ergänzt.[8] Solche Ergänzungen und Änderungen waren bzw. sind nötig, da sich im Laufe der Zeit die Anforderungen an die Raumplanung, mit dem Ziel des Ausgleichs der Lebensverhältnisse verändert haben. Dies führt dazu, dass die Raumplanung nun nicht mehr nur ökonomische Aspekte mit einbeziehen muss, sondern auch auf Themen wie Klimawandel, demographischer Wandel, Mobilität und dergleichen achten muss. Die Erweiterung der Themenfelder der Raumplanung, wie sie zu Beispiel im Jahre 2006 mit den vorgelegten „Leitbildern der Raumentwicklung" gefestigt wurden, geht einher mit der Änderung des Rechtsrahmens für eine übergeordnete Raumplanung. Im Zuge dessen wurde die Raumordnung als „Rahmengesetz" quasi ‚entmachtet' und in die Hände der Länder gelegt, welche fortan innerhalb

---

[5] Rohrbach: Raumordnung und Raumplanung, S. 8.
[6] Ariane Leendertz: Ordnung schaffen. Deutsche Raumplanung im 20. Jahrhundert, Göttingen 2008, S. 7; [i.F.z.a. Leendertz: Ordnung].
[7] Karl Haubner: Zur Entwicklung der Raumplanung in Deutschland, in: Disp 127(1996), S. 21.
[8] Ebenda, S. 22.

eines gewissen Handlungsspielraumes Maßnahmen, abweichend vom Bundesraumordnungsgesetzes beschließen konnten. Eine jüngere Novellierung (2009) des Gesetzes erlaubt ein neues Planungsinstrument, nämlich „Raumordnungspläne für den Gesamtraum", welches die deutsche Raumordnung wieder hin zu einer auf den gesamtdeutschen Raum abgezielte Raumordnung führt.[9]

---

[9] Rohrbach: Raumordnung und Raumplanung, S. 18-19.

# III. Raumordnung in der NS-Zeit

In diesem Abschnitt soll auf die Entwicklung der Raumordnung während der Zeit des Nationalsozialismus eingegangen werden. Dazu möchte ich herausstellen, welche neuen Strukturen sich während dieser Zeit herausgebildet haben, welche Ziele diese Raumordnung verfolgte und welchen Stellenwert diese hatte.

Mit der ‚Machtergreifung' der Nationalsozialisten, bekam die Raumordnung einen neuen Stellenwert und wurde, nicht wie in den Jahren zuvor, als ausdrückliche Aufgabe des Staates angesehen. Das ist nicht verwunderlich. Denn eine zentrale Ordnung war nötig, um Wirtschaft und Gesellschaft gleichsam auf den Krieg vorzubereiten und alle nur möglichen Ressourcen auszuschöpfen. Die Umstrukturierung der Raumplanung in der NS-Zeit war geprägt von einigen personellen und auch institutionellen Veränderungen, welche dazu führten, dass einige Persönlichkeiten aus der Weimarer Raumplanung entlassen und durch Neue ersetzt wurden.[10] Eine Kontinuität auf personeller Ebene wie sie in der Nachkriegszeit stattgefunden hat, war beim Übergang der Weimarer Raumplanung in die der NS-Zeit also nicht gegeben.

Die Ausschöpfung und Neuordnung des Raumes bedingte es, neue organisatorische und gesetzliche Möglichkeiten zu schaffen. Auch die militärische Aufrüstung des NS-Staates, ließ Stimmen nach einer staatlichen Zentralbehörde für Raumordnungsfragen laut werden.[11] Dieser Forderung kam man am 29. März 1935, mit dem Entwurf für eine „Reichsstelle zur Regelung des Landbedarfs der öffentlichen Hand" nach. Leiter dieser Stelle, welche sich fortan „Reichsstelle für Raumordnung (RfR)" nannte, war zunächst Hanns Kerl und später der Jurist Hermann Muhs. Besonders bedacht war man bei dieser Stelle darauf, sich von der „bisherigen Raumordnung abzugrenzen"[12] und die Fehler des „liberalistischen Zeitalters"[13] auszumerzen. Schon an dieser Stelle ist zu erkennen, dass die Raumordnung sich fortan auch an die „weltanschaulichen Standpunkte der

---

[10] Leendertz: Ordnung, S. 108.
[11] Ulrich Battis: Öffentliche Baurecht und Raumordnungsrecht, Stuttgart 52006, S. 22.
[12] Leendertz: Ordnung, S. 112.
[13] Hermann Muhs: Die Raumordnung in der nationalsozialistischen Staatspolitik, in Raumforschung und Raumordnung 1 (1937), S. 519.

Staatsleistung anzupassen" hatte. Dabei sollte diese Ordnung des Raumes alle Lebensbereiche umfassen und in einen „totalen Raumplan" integrieren.[14]

Die Aufgaben der Raumplanung innerhalb eines solchen totalen Raumplans waren nicht sehr verschieden von denen der Weimarer Landesplanung. Hauptaugenmerk lag auf der Herstellung eines Gleichgewichts auf dem deutschen Wirtschaftsgebiet, mit dem Ausbau von Verkehrsnetzen, Angleichung von Betriebs- und Bevölkerungsdichte, Schutz des Waldbestandes, Stärkung der Landwirtschaft und nicht zuletzt Schutz der Erbhofgebiete als „rassisch wertvollste Blutsträger des Volkes".[15] Ferner sahen die nationalsozialistischen Raumplaner die Ordnung des Raumes als synonym mit der Ordnung des Volkes[16], welche ein elementarer Schritt auf dem Weg zu „deutschen Lebens- und Leistungslandschaften" sei und vorsieht, dass überall auf deutschem Reichsboden „gesunde[s] Volk auf bestem Mutterboden in einem starken Vaterland" hervorgebracht wird.[17] Auch hier ist die Wandlung und Vermischung der Aufgaben der Weimarer Landesplanung, mit denen der nationalsozialistischen Landesplanungspolitik und vor allem der Einbeziehung von rassenpolitischen Komponenten zu erkennen.

Ein weiteres Argument der NS-Raumplaner war die herrschende „Raumnot", welche eine systematische Raumplanung bedingte, um so ein „optimales Verhältnis von Raum und Bevölkerung" zu schaffen. Das Argument der Raumnot, war ein vielerlei verwendetes, im Bezug auf die Rechtfertigung von raumplanerischen Konzepten während der NS-Zeit, wie dem Dr.-Hellmuth -Plan für die Rhön.[18] So euphorisch und klar diese Ziele bzw. Forderungen zunächst klingen mögen, so war die praktische Umsetzung in den Anfangsjahren der RfR jedoch weit davon entfernt. Ihre Arbeit entwickeltes sich eher in Richtung einer Wirtschafts- bzw. Strukturpolitik.[19]

Mit der Etablierung der RfR wurde auch die komplette Struktur der Raumordnung neugeordnet, sodass sich eine neue Hierarchie staatlicher

---

[14] Leendertz: Ordnung, S. 112 - 113.
[15] Ebenda, S. 114.
[16] Willi Oberkrome: Deutsche Heimat. Nationale Konzeption und regionale Praxis von Naturschutz, Landschaftsgestaltung und Kulturpolitik in Westfalen-Lippe und Thüringen (1900-1960), Paderborn 2004, S. 194.
[17] Heinrich Wiepking-Jürgensmann: Aufgaben und Ziele der deutschen Landschaftspolitik, in: Raumforschung und Raumordnung 3 (1939), S. 365.
[18] Leendertz: Ordnung, S. 113.
[19] Leendertz: Ordnung, S. 115.

Raumplanungsinstitutionen herausbildete. An oberster Stelle stand die RfR, welche im Unterschied zu den Weimarer Planungsbehörden weisungsbefugt war und somit allen anderen Planungsbehörden übergeordnet. Demnach wurde sie per Erlass von 1935 dazu ermächtigt, alle alten Planungsverbände neu zu ordnen. Daraufhin wurden bis Ende 1936 alle bisherigen Planungsverbände (bis auf den Siedlungsverband Ruhrkohlenbezirk) durch Landesplanungsgemeinschaften ersetzt. Auch wenn die RfR eine weisungsbefugte und übergeordnete Institution war, so hatte sie jedoch stets Probleme sich gegen die anderen Ressorts durchzusetzen und hatte schon bald damit zu kämpfen, ihre „Kriegswichtigkeit" unter Beweis zu stellen. [20]

Eines dieser Ressorts, war die 1936 gegründete „Reicharbeitsgemeinschaft für Raumforschung" (RAG) unter der Leitung des Obmanns und bekannten Berliner Agrarwissenschaftler Konrad Meyer. Im Zuge eines größer werdenden Bewusstseins für eine Verschränkung von Wissenschaft und Politik, wurde diese Institution ins Leben gerufen. Ihre Aufgabe war es, die interdisziplinäre Zusammenarbeit ganz im Dienste der Raumordnung und Raumforschung zu koordinieren[21] und der RfR mit Hilfe von wissenschaftlichen Forschungen auf diesem Gebiet zu zuarbeiten. [22] Dabei sollte die Forschung, die Planung der agrarwissenschaftlichen Arbeit durchführen und auf die „ernährungs- und agrarpolitischen Zielsetzungen des NS-Staates ausrichten". [23] Die Person Konrad Meyers stellt in der Raumplanung der NS-Zeit eine zentrale Figur dar, welche zahlreiche Funktionen zusammenführte und somit die „Ausrichtung der Raumplanung wesentlich" mitprägte. [24] Meyer gehörte somit zu einem engen Kreis aus Rasse- und Siedlungsexperten, gekennzeichnet von absoluter Loyalität und „weltanschaulicher Übereinstimmung" mit dem NS-Staat. Auch aus diesem Grund war es für Meyer von höchster Bedeutung, dass die Arbeit der RAG und der Raumordnung, besonders eng an die „ideologischen Prämissen des NS-Staates" gebunden waren. Eine solch enge Bindung an die NS-

---

[20] Ulrich Battis: Öffentliche Baurecht und Raumordnungsrecht, Stuttgart ⁵2006, S. 22; Leendertz: Ordnung, S. 187.
[21] Isabel Heinemann: Wissenschaft und Homogenisierung für Osteuropa. Konrad Meyer, der „Generalplan Ost" und die Deutsche Forschungsgemeinschaft, in: Isabel Heinemann und Patrick Wahner (Hrsg.): Wissenschaft, Planung, Vertreibung. Neuordnungskonzepte und Umsiedlungspolitik im 20. Jahrhundert, München 2006 (Beiträge zur Geschichte der Deutschen Forschungsgemeinschaft 1), S. 49.
[22] Leendertz: Ordnung, S. 116.
[23] Ebenda, S. 120.
[24] Ebenda, S. 117.

Ideologien wurde jedoch von der RfR und der Landesplanung durchaus weniger ins Blickfeld genommen.[25] Dies und auch die Tatsache, dass Meyer und die Forschungsarbeiten der RAG von 1939 an zunehmend mit der Planung der Besiedlung der eroberten Ostgebiete beschäftigt war[26] (in der die RfR fast keine Rolle spielte)[27] führte dazu, dass sich RfR und RAG im März 1942 einvernehmlich trennten, da es im Zuge dessen immer wieder Kompetenzgerangel und Meinungsverschiedenheiten gegeben hat. Fortan distanzierte sich die RfR von der RAG und versuchte entschieden sich selbst hervorzuheben. Im weiteren Verlauf des Krieges musste die RfR an zahlreichen Stellen mehrfach unter Beweis stellen, dass sie einen Beitrag zum Krieg leisten könne und gerade in dieser Zeit die „Planungen einheitlich zu lenken und zentral zu steuern" sein müssten. [28] Somit war das Fortbestehen der Reichsstelle im September 1943 zunächst gesichert und im März 1944 konnte sie noch einmal in Erscheinung treten mit einem „Reichsumquartierungsplan", der eine „heimatnahe" Unterbringung der evakuierten Menschen in Stadt- und Ballungsgebiete vorsah.[29]

Gegen Ende des Krieges und mit zunehmendem Druck, musste man sich eingestehen, dass es keinen Sinn mehr hatte die Daseinsberechtigung der RfR weiter zu stützen. Auch zu diesem Zeitpunkt zeichnete sich schon eine „Neuorientierung" in der Raumordnung ab. Diese beinhaltete eine Entideologisierung, mit dem Verzicht auf Dogmen wie „von der Vorsehung geboten" oder „qualitativ-optimale volksbiologische Entfaltungsmöglichkeit", welche der Raumordnung in Zukunft „schaden" würde. Schließlich endete mit dem „Ende des Deutschen Reiches ... auch die Existenz der Reichsstelle [für Raumordnung]"[30]

---

[25] Leendertz: Ordnung, S. 122.
[26] Ebenda, S. 146.
[27] Elke Pahl- Weber: Die Reichsstelle für Raumordnung und die Ostplanung, in: Mechtild Rössler und Sabine Schleiermacher (Hrsg.): Der Generalplan Ost. Hauptlinien der nationalsozialistischen Planungs- und Vernichtungspolitik, Berlin 1993, S. 152.
[28] Leendertz: Ordnung, S. 187 – 193.
[29] Leendertz: Ordnung, S. 211; Wolfram Pyta: Menschenökonomie. Das Ineinandergreifen von ländlicher Sozialraumgestaltung und rassenbiologischer Bevölkerungspolitik im NS-Staat, in Historische Zeitschrift 273 (2001), S. 36 [i.F.z.a. Pyta: Menschenökonomie].
[30] Leendertz: Ordnung, S. 213 – 216.

# IV. Der Dr.-Hellmuth-Plan für die Rhön

## IV.I. Wirtschaftsstrukturelle Aspekte des Dr. - Hellmuth - Plans

Dieser Abschnitt soll zeigen, welche Missstände der nationalsozialistische Gauleiter Dr. Otto Hellmuth in der Rhön feststellte und welche wirtschaftsstrukturellen Maßnahmen nötig waren, um den Notstand der Rhön zu beheben. Weiterhin möchte ich die Entwicklung und tatsächliche Umsetzung des Plans bis zum Ende des Krieges skizzieren und auf eine Bewertung zu damaliger Sicht eingehen.

Beim Dr.-Hellmuth-Plan handelt es sich um einen nach dem mainfränkischen Gauleiter Dr. Otto Hellmuth benannten Strukturplan für die Rhön. An dieser Stelle sei angemerkt, dass wenn im Folgenden von der Rhön gesprochen wird, der bayrische Teil der Rhön gemeint ist. In den anderen beiden Teilen der Rhön hat es ähnliche Pläne gegeben, die an den Plan Hellmuths angelehnt waren. Es gelang ihm jedoch nicht, sein Vorhaben auf die ganze Rhön auszuweiten. Zwar konnte er den früheren Fuldaer Kreisbauernführer Otto Feuerborn für sein Vorhaben auch in der hessischen Rhön begeistern, doch der thüringische Ministerpräsident Willi Marschler, mit dem Hellmuth von Beginn an im Konflikt über dieses Vorhaben war, wollte eine Einmischung Hellmuths in seinen Gau bzw. Bereich nicht dulden. Zum einen geschah dies aus dem Grund, weil Marschler seine Kompetenzen nicht untergraben lassen wollte und zum anderen bewertete er Hellmuths Plan als ein Fantasiekonstrukt, welches auf falschen Annahmen über die Bedingungen in der thüringischen Rhön beruhte. Er selbst legte im Dezember 1935 einen „Rhönplan" in Berlin vor, welcher ebenso für eine strukturelle Besserung der Rhön im thüringischen Teil sorgen sollte. Dieser Plan Unterschied sich jedoch von Hellmuths Plan insofern, als dass er keine großangelegte Umsiedlung der Rhönbewohner oder großflächige Aufforstungen beinhaltete, geschweige denn rassenbiologische Durchmusterungen der Bevölkerung vorsah.[31]

Doch nun zurück zum Strukturprogramm für die bayrische Rhön. Das Interesse für die Rhön und den Spessart wurde früh bei dem

---

[31] Joachim S. Hohmann: Die thüringische Rhön im Dritten Reich, Erfurt 1999, S. 78- 83; Dan P. Silverman: Hitler's Economy. Nazi Work Creation Programms 1933 – 1936, Harvard 1998, S. 106; [i.F.z.a. Silverman: Economy].

mainfränkischen Gauleiter Hellmuth geweckt. Dieser war seit 1922 Mitglied der NSDAP und seit Oktober 1928 Gauleiter Unterfrankens mit Sitz in Würzburg. Als „treuer Paladin Hitlers" wurde er sogar 1933 Mitglied im Reichstag. [32] Ausgehend von einer „eingehenden Besichtigungsreise" Hellmuths durch die Rhön zur Feststellung der Notstände in dieser Region, wurde im Jahr 1933 von seinem Wirtschaftsberater Kurt Haßlinger eine „Denkschrift zur Verbesserung und Hebung der wirtschaftlichen und kulturellen Verhältnisse in Rhön und Spessart" verfasst.[33] Dieser fasst die Erkenntnisse dieser Besichtigungsfahrt zusammen und bemerkt, dass es sich bei den Ländereinen zum größten Teil um „Ödland" bzw. „untaugliches" Land handele. Noch dazu seien durch das fränkische Erbrecht die Besitztümer der Rhönbevölkerung total zersplittert. Auch die männliche Rhönbevölkerung sei aufgrund von Fremdarbeit nicht in der Lage sich um die Bewirtschaftung der Felder, geschweige denn die Infrastruktur (z.B. Wegebau) zu kümmern. Weitere Missstände vermeintliche waren, die schon in Kapitel drei erwähnte, Überbevölkerung in „kaum zu überbietender Notlage", die Arbeitslosigkeit der Rhönbevölkerung, Unterernährung und ungesunde Lebensbedingungen, sowie durch Blutsheirat bedingte Inzucht. Trotz der herrschenden Meinung und jahrhundertelangen Erfahrung, dass die Rhön ein raues Klima hat und auch eher schlechte Anbaubedingungen[34], war die Gauleitung davon überzeugt, dass es „sehr fruchtbare Gebiete" geben würde. Demnach wäre das Einschreiten der nationalsozialistischen Gauleitung unter Hellmuth unabdingbar gewesen, da sonst „die Bevölkerung, ohne zu übertreiben, dem wirtschaftlichen und seelischen Verkommen ausgesetzt" sei.[35]

Als Lösung des Problems schlug Haßlinger folgendes vor: das Straßennetz solle ausgebaut werden, um die ganze Gegend zu erschließen und auch eine komplette Urbarmachung des Landes, durch Kultivierungsmaßnahmen sollte zu fruchtbaren Ackerflächen führen. Ferner sollten die Fehler des fränkischen Erbrechts, mit Hilfe der

---

[32] Joachim S. Hohmann: Landvolk unterm Hakenkreuz. Agrar- und Rassenpolitik in der Rhön. Ein Beitrag zur Landesgeschichte Bayerns, Hessens und Thüringens, Bd.1, Frankfurt am Main 1992, S. 86; [i.F.z.a. Hohmann: Hakenkreuz].
[33] Hohmann: Hakenkreuz, S. 81.
[34] Ebenda, S. 61.
[35] Kurt Haßlinger: Denkschrift zur Besserung und Hebung der wirtschaftlichen und kulturellen Verhältnisse in Rhön und Spessart (1933), in: Theodor Zöller: Meine Rhön. Von der mittelalterlichen Wegspinne zur A71 mit Raststätte Mellrichstädter Höhe, Bd. 2, Ostheim 2005, S. 66: [i.F.z.a. Haßlinger: Denkschrift].

Reichserbhofgesetztes behoben werden und alle Besitztümer zusammengelegt werden, sodass musterhafte Erbhöfe entstehen würden. Ein solcher Erbhof dürfe auch nur von würdigen Erbhofbauern bewirtschaftet werden, welche mit Hilfe rassenbiologischer Untersuchungen, wie sie im nächsten Kapitel dargestellt werden, auf ihre Tauglichkeit geprüft wurden. Die dazu nicht auserkorenen Personen sollten ferner in angesiedelter Industrie einen Platz finden.[36] Alles in allem jedoch, beinhalte der Plan Hellmuths nicht sehr viel Neues im Vergleich zu den Plänen für die Rhön in der Zeit vor der ‚Machtergreifung'.

Der eigentliche Hellmuth Plan wurde im Januar 1934 von der Landesbauernschaft in Bayern vorgelegt und Hellmuth begann auch im gleichen Jahr mit einer systematischen Bewerbung des Plans im ganzen Reich. Er wollte die größtmögliche Aufmerksamkeit für seinen Plan zur Herstellung einer „Musterregion" erlangen.[37] Für ihn war klar, dass nicht nur die strukturellen Maßnahmen, sondern gerade die „rassische Bereinigung" und Einbindung der NS-Ideologie ein Garant für die Akzeptanz dieses Planes sein müssen. Um diese Position zu sichern, spannte Hellmuth zahlreiche Ministerien mit in seinen Plan ein. Darunter der Reichsminister für Ernährung und Landwirtschaft, Walther Darré, oder den Generalinspektor des deutschen Straßenwesens. Doch gerade Darré war es, der schon früh seine Skepsis gegenüber Hellmuths Vorhaben äußerte. Im Herbst 1934 initiierte Otto Hellmuth in Berlin eine Ausstellung „Rhön und Spessart im Aufbau", um die Bedeutung des Plans als maßgebliche Notwendigkeit für eine gesundes Bauerntum und folglich eine gesunde Gesamtwirtschaft zu propagieren. Im selben Zeitraum äußerte Darré seine Bedenken bezüglich der Sinnhaftigkeit der Umsiedlungsmaßnahmen und Enteignung von kleineren Landbesitzern. Daraufhin änderte Darré den Plan dahingehend, dass solche Umsiedlungsmaßnahmen zunächst in ausgewählten Dörfern stattfinden sollten.[38]

Doch nicht nur von oberer Spitze gab es Zweifel am Erfolg von Hellmuths Plan. Auch innerhalb der Reihen der Raumplaner und einigen Landwirtschaftsexperten, war man nicht davon überzeugt, dass es möglich sei die Rhön mit Hilfe von Hellmuths Maßnahmen in ein ertragsreiches Land

---

[36] Silverman: Economy, S. 99.
[37] Hohmann: Hakenkreuz, S. 100.
[38] Silverman: Economy, S. 100 – 103.

zu verwandeln. Dazu müsse erst eine Schutzwaldanlage her, welche das raue Klima der Rhön beeinflussen sollte. Dies würde jedoch mindestens dreißig Jahre[39] dauern und stand so im krassen Gegensatz zu Hellmuths Zielsetzung von fünfzehn Jahren. Die Kritik und Skepsis gegenüber Hellmuths Plan fand man nicht nur innerhalb der Reihen der NS-Experten, sondern auch die Bewohner der Rhön sahen den Arbeiten im Rahmen des Plans kritisch entgegen und die Bevölkerung befürchtete große Besitzverluste, welche später auch eintraten. Davon zeugt z.B. ein Artikel des Rhön- und Streuboten vom 5. September 1934 in dem es heißt, dass das Erbhofgesetz für die Rhönbevölkerung mehr Nach- als Vorteile bringe. Weiterhin berichten zahlreiche Gendamerieberichte davon, dass Menschen sich gegen den Plan aussprachen und dementsprechend auch bestraft[40] wurden. Eine solche Auflehnung der Bevölkerung vergaß man in der Öffentlichkeit (auch im Ausland) jedoch stets, bei der fortwährenden Propaganda für den Plan zu erwähnen, ebenso wie die geplante „Rassenhygiene". Im Vordergrund standen lediglich die wirtschaftliche Hebung der Rhön, die Kultivierungsmaßnahmen und der angebliche agrarpolitische Erfolg des Plans, welcher sich im Jahr 1934 jedoch keineswegs abzeichnete.[41]

Im folgenden Jahr fanden großflächige Flurbereinigungen statt, welche den Bauern einen leichteren Zugang zu ihren Grundstücken ermöglichen sollten, wodurch aber tausende Bauern ihren Besitz verloren.[42] In diesem Jahr begann man mit der Verfolgung des Ziels der „Industrialisierung" der Rhön. Dazu gab es Verhandlungen mit den Siemens-Schuckert-Werken aus Berlin, welche im Dezember 1936 ihre Zusage gaben, in Bad-Neustadt ein weiteres Werk zu eröffnen. Doch auch wenn das Werk eintausend Arbeiter unterbringen sollte, brachte es keinen großen Erfolg für die Menschen im Herzen der Rhön, da das Werk am Rande des Gebiets lag.[43] Schon im Herbst dieses Jahres verbreitete sich auch wieder innerhalb der örtlichen Parteikreise Zweifel über die Wirksamkeit des Plans. Doch Hellmuth unternahm eine weitere Besichtigungsfahrt mit den zuständigen Funktionären und konnte diese zunächst besänftigen und von der

---

[39] Ebenda, S. 105.
[40]Hohmann: Hakenkreuz, S. 161.
[41] Ebenda, S. 91.
[42] Ebenda, S. 112.
[43] Silverman: Economy, S. 111.

Wirksamkeit seines Planes überzeugen. Diese Zweifel blieben jedoch weiterhin bestehen, sodass sich zu Beginn des Jahren 1937 verschiedene Ministerien eingestehen mussten, dass die geplanten Ziele in der geplanten Zeit nicht zu erreichen sei und dass der Kostenaufwand enorm und nicht zu decken sei. Auch Hellmuth selbst musste sich insgeheim eingestehen, dass die Faktoren Zeit und Geld seinen Plan gefährden würden.[44] Ebenfalls fatal für das Ansehen des Planes war es, dass zwischen 1936 und 1937, ohne die Hilfe des Hellmuth Plans, durch den wirtschaftlichen Aufschwung in Deutschland eine große Anzahl von Rhön Bewohnern wieder den Weg in die Arbeit fand, wenn auch nicht direkt in der Rhön.[45] Auch in diesem Jahr weihte man den Muster- bzw. Versuchshof „Ludwig-Siebert-Hof"[46] ein, mit dem bewiesen werden sollte, dass man auch 800m über NN Getreide anbauen könne. Dieser Hof wurde nur kurz bewirtschaftet, da der geplante Erfolg aufgrund des rauen Klimas ausblieb. Auch der Straßenbau konnte in diesem Jahr einen Erfolg verzeichnen, denn mit der Fertigstellung der Dr.-Hellmuth-Straße (heute „Hochrhönstraße"), konnte nach zahlreichen Finanzierungsproblemen ein rascher Transportweg geschaffen werden.[47]

In 1938 wurden die Um- und Absiedlungsmaßnahmen weiter voran getrieben. Dazu schuf man neue Bauernsiedlungen und alte mussten zugunsten von Truppenübungsplätzen, Flurbereinigungen und Schaffung von „Erbhöfen" weichen. Auch wenn die Verantwortlichen für den Plan sich auch wieder eingestehen mussten, dass der Plan mehr Zeit als Geld koste, so konnten doch Rhönbewohner gute Ernten verzeichnen und das genau dort, wo noch kein Zutun der Nationalsozialisten stattgefunden hat.

In der Zeit vor dem Krieg zeichnete sich schon immer mehr ab, worauf der Plan Dr. Hellmuths hinauslaufen würde, denn schon zu Anfang des Jahres 1939 mussten zahlreiche Baustellen eingestellt werden, da es an Zement und anderen Baumaterialien fehlte. Auch die für dieses Jahr geplante land- und forstwirtschaftliche Bewirtschaftung der Hochrhönflächen musste verworfen werden mit dem Eingeständnis, dass während der sechs Jahre des Planes der überwiegende Teil der Zielsetzungen nicht einmal das erste Planungsstadium überschritten hatte.

---

[44] Hohmann: Hakenkreuz, S. 118.
[45] Silverman: Economy, S. 113.
[46] Hohmann: Hakenkreuz, S. 122.
[47] Ebenda, S. 110.

Das es den Plänen der Nazis nicht bedurfte, um die scheinbare „Not" der Rhönbevölkerung zu beheben zeigte wieder einmal die guten Ernten in diesem Jahr. Schließlich brachte der Krieg nicht nur für die Bevölkerung, sondern auch den Hellmuth Plan tiefe Einschnitte. So war Hellmuth zuvor stets darum bemüht die militärische Nutzung der Rhön zu unterbinden. Doch die Hochrhönflächen bei Bischofsheim und Fladungen mussten nun für Übungsplätze weichen. Trotz allem brachte der Krieg dem Hellmuth Plan etwas Aufschwung, da aus ganz Europa Kriegsgefangene in die Rhön gebracht wurden und zum landwirtschaftlichen Dienst gezwungen wurden. Diese Zwangsarbeiter führten Entwässerungsarbeiten, Entsteinungsarbeiten, sowie Wegbauten und Melioriationsarbeiten durch. [48]

Im Frühjahr 1941 änderte sich die Zielrichtung des Planes im Bezug auf die geplanten Aufforstungen in der Hoch Rhön. Der Plan war nun die doppelte Aufforstung der Fläche mit verheerenden Folgen für die Bauern, welche dort ihr Weide- oder Ackerland hatten. Im Zuge der Autarkie war nun die Aufforstung der Rhön von höchster Priorität. Die Bedeutung des Planes jedoch sank von da an immer mehr. Zwar wurden noch Wege und Straßen gebaut, jedoch gab es keine besonderen Veränderungen mehr. Aufgrund der Überordnung der Kriegsinteressen, ging der Hellmuth Plan 1943 gänzlich im Krieg unter. [49] Schon 1944 wurden die meisten landwirtschaftlichen Maßnahmen eingestellt und nach Ende des Krieges hatte niemand mehr sehr großes Interesse daran, den Plan des mainfränkischen Zahnarztes weiterzuführen. Jahre später – in den 50er Jahren, fühlte sich die Rhönkulturstelle jedoch verpflichtet den Dr.-Hellmuth-Plan weiter zu führen, selbstverständlich jedoch unter anderen Bedingungen.[50]

---

[48] Hohmann: Hakenkreuz, S. 126 – 129.
[49] Silverman: Economy, S. 117.
[50] Hohmann: Hakenkreuz, S. 150.

## IV.II. Rassenbiologische Durchmustern der Rhönbevölkerung als Teil des Hellmuth Planes

Betrachtet man nun die Erkenntnisse des vorherigen Kapitels, so könnte man behaupten, es würde sich bei diesem Plan um ein ganz normales Strukturprogramm handeln, ohne die besondere „nationalsozialistische Komponente". Doch wie schon erwähnt war die mainfränkische Gauleitung von einer Überbevölkerung der Rhön überzeugt und noch dazu unterstützte die NS-Ideologie von ‚Blut und Boden' die Ansicht, dass es sich bei der Rhönbevölkerung zwar um „altes deutsches Volksgut" handele, aber dennoch ein erheblicher Anteil „versucht" und rassisch „unpassend" sei. [51] Es sollte also nicht nur eine ökonomische Aufwertung und Umgestaltung des Rhöngebiets stattfinden, sondern ebenso eine „flächendeckende erbbiologische Bestandsaufnahme" dieser Region. Für Hellmuth war dies ein grundlegender Faktor[52] für den Erfolg des Planes – eine „korrespondierende Neuformierung der Sozialstruktur". Gemäß dieses Vorhabens wurden die Personen nach bestimmten Auswahlkriterien, besonders aber nach dem „rassisch imprägnierten Leistungsbegriff des NS-Staates", der Tüchtigkeit, bewertet.[53] Wichtig dabei war ebenfalls, dass „im Dritten Reich der Einzelne nicht nur nach seiner individuellen Leistung, sondern auch nach seiner Leistung für das deutsche Volk der Zukunft eingeschätzt wird".[54]

Um also „erbbiologisch sinnvoll [den] richtigen Mensch an [die] richtige Stelle" [55] zu setzen, mussten also tausende Menschen erbbiologisch durchleuchtet werden. Dazu wandte sich Hellmuth an den Würzburger Medizinprofessor Dr. Ludwig Schmidt-Kehl, der noch dazu der Leiter des Rassenpolitischen Amtes der NDSAP des Gaues Mainfranken war und auch als „Rassen Schmidt" bekannt war. Schmidt-Kehl konnte so in der Zeit von 1935 bis 1937 mehr als 21 Rhöndörfer und damit fast 75.000 Menschen

---

[51] Silverman: Economy, S. 99; Hohmann: Hakenkreuz, S. 17.
[52] Ute Felbor: Rassenbiologie und Vererbungswissenschaft in der Medizinischen Fakultät der Universität Würzburg 1937 – 1945, Würzburg 1995 (Würzburger medizinhistorische Forschungen 3), S. 31; [i.F.z.a. Felbor: Rassnbiologie].
[53] Pyta: Menschenökonomie, S. 87- 88.
[54] Josef Amrhein: Die bevölkerungspolitische Lage der beiden Rhöndörfer Geroda und Platz, Würzburg 1937 (Schriften aus dem Rassenpolitischen Amt der NSDAP bei der Gauleitung Mainfranken zum Dr.Hellmuth-Plan 6), S. 24.
[55] Ludwig Schmidt-Kehl: Der Mensch in der Rhön, in: Raumforschung und Raumordnung 2 (1938), S. 74.

erbbiologisch durchleuchten. [56] Dazu verbrachte dieser mit einigen studentischen Mitarbeitern und Doktoranden einige Wochen in den Rhöndörfern und „[ging] ... mit Meßgerät, Personenwaage und Kamera von Haus zu Haus und erfaßten möglichst alle Personen über 15 Jahren".[57]

Auf diese Weise wurden sogenannte Sippschafts- und Familienkarten erstellt, sowie von Schmidt-Kehl in Auftrag gegebene „bevölkerungspolitische Arbeiten über die Dorfstrukturen".[58] Als beurteilungsgrundlagen für besagte Familienkarten dienten den Rassenbiologen zunächst Kirchenbücher ab 1845, später auch Standesamtsregister, Rekrutierungsstammrollen, Schulzeugnisse, Polizeiakten und dergleichen. Besonders aus den Schulzeugnissen erhoffte man sich besondere Informationen über das Beherrschen der deutschen Sprache, sowie der „moralischen Eigenschaften". Zu diesem Zwecke wurden neben den Rassenbiologen auch zahlreiche Lehrer hinzugezogen, die Auskunft über ihre Schüler geben sollten. Außerdem wurde vom Rassenbiologischen Amt der NSDAP noch Intelligenztests durchgeführt, welche ebenfalls Aufschluss über die „Tüchtigkeit" und Eignung der Personen liefern sollte.[59] Weiterhin drangen die Rassenforscher tief in die Privatsphäre ein, indem sie sich bei Ärzten, Pfarrern, Polizeibeamten oder sogar dem Bürgermeister über einzelne Familien bzw. deren Mitglieder, Informationen einholten. [60] Wolfram Pyta bemerkt in seinem Aufsatz an dieser Stelle

> „Die Unbekümmertheit, mit welcher die Intimsphäre der Probanden durchleuchtet wurde, deutet darauf hin, wie weit die total Vereinnahmung ganz durchschnittlicher und ‚arisch unbedenklicher' Deutscher durch eine akademisch gebildete Schar von Rassisten mental fortgeschritten war"[61]

Es ist herauszulesen, dass die Bevölkerung sich schamlos den Rassenbiologen unter Schmidt-Kehl hinzugeben hatten und das ohne Hemmungen jede ‚Verfehlung' innerhalb der Familie öffentlich zur Schau

---

[56] Pyta: Menschenökonomie, S. 89.
[57] Kurt Brost: Die Erb- und Rassenbiologie als wesentlicher Bestandteil der Bevölkerungspolitik. Anthropologische Untersuchung der Rhönbevölkerung, in: Bevölkerungsfragen. Bericht des Internationalen Kongresses für Bevölkerungswirtschaft, München und Würzburg 1936 (Schriften aus dem Rassenpolitischen Amt der NSDAP bei der Gauleitung Mainfranken zum Dr.-Hellmuth-Plan 3), S. 846.
[58] Felbor: Rassenbiologie, S. 70.
[59] Ebenda, S. 75.
[60] Hohmann: Hakenkreuz, S. 168.
[61] Pyta: Menschenökonmie, S. 90.

gestellt und als ein Triumph des nationalsozialistischen Arbeit im Sinne der Rassenhygiene zelebriert wurde. Über den in der Rhön „praktizierte[n] Rassismus" und dessen Ergebnisse sprach man auf internationalen Kongressen sehr offen und pries den Dr.-Hellmuth-Plan als „Musterbeispiel nationalsozialistischer Arbeit".[62]

So sehr von den Beteiligten um den Dr.-Hellmuth-Plan und die rassenbiologischen Erforschungen in der Rhön geschwärmt wurde, gab es dennoch Zweifel sogar innerhalb der NSDAP an diesen Untersuchungen. So bemängelt z.b. Fritz Lenz, der Leiter der Rassenhygienischen Abteilung am Dahlemer Kaiser-Wilhelm-Institut, die Methodik der Untersuchungen in der Rhön unter der Leitung von Schmidt-Kehl. Dabei geht er explizit auf einige, im Zuge dessen angefertigte Doktorarbeiten und deren Methodik und Ergebnisse ein. So kritisiert er, dass Merkmale wie Augenfarbe als das Hauptkennzeichen nordischer Rasse geglaubt wurden oder das Nasenformen, durchschnittliche Körperlänge oder sogar Längenbreitenindexe des Schädels über Norm oder Abweichung entschieden. Er kommt daher zum Schluss, das man aufgrund „phänischer Merkmale bzw. Ihrer Verteilung so etwas [nicht] aussagen kann, daß vielmehr vorgefaßte Meinungen bei solchen Aussagen [über die Rassenzugehörigkeit] eine große Rolle spielen". Ebenso wie bei der wirtschaftspolitischen Umsetzung des Planes Hellmuths, gab es also auch hier in den eigenen Reihen Kritiker, die das Vorgehen als „fragwürdig" und noch dazu vollkommen außerhalb des Verhältnisses zum „ungeheuren Aufwand an Zeit und Arbeit" sahen. Lenz stellte dazu abschließend fest, dass eine „vollständige erbbiologische Bestandsaufnahme ... niemals möglich sein [wird]" und das in den vorgelegten Ergebnissen ein „Mangel an wissenschaftlichem Denken ... oft durch imponierende Fachausdrücke und geschraubte Ausdrucksweise getarnt" wurde.[63]

Trotz der Kritik, sind jedoch zahlreiche Doktorarbeiten über die rassenkundlichen Erhebungen oder Bevölkerungsbiologien der Rhön bzw. von einzelnen Rhöndörfern wie z.B. Geroda, Platz, Haselbach oder Frankenheim vor der Rhön. Im Rahmen dieser Arbeiten kam man meist zu gleichen bzw. ähnlichen Ergebnissen. Für den Raum Fladungen zum

---

[62] Hohmann: Hakenkreuz, S. 168.
[63] Fritz Lenz: Über Wege und Irrwege rassenkundlicher Untersuchungen, in: Zeitschrift für Morphologie und Anthropologie, Erb- und Rasenbiologie 39 (1941), S. 398 – 411.

Beispiel, kommt Ewald Reppert, ein Schüler Schmidt-Kehls, in seiner Dissertation auf eine Zusammensetzung der Bevölkerung gemäß der folgenden Grafik[64].

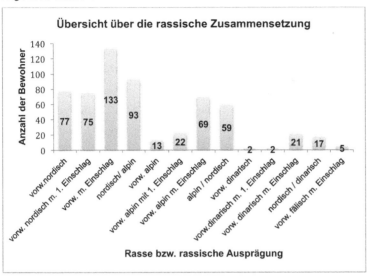

Die Grafik zeigt am Raum Fladungen und eigentlich stellvertretend für die den Großteil der anderen Rhöndörfer, dass die „Bevölkerung der Rhöndörfer ... hauptsächlich aus dem nordischen und dem alpinen Element" besteht und „andersrassige Einschläge ... nicht zur Geltung kamen".[65] Die ‚rassisch reinen' und noch dazu „bauernfähigen" Bewohner konnten also damit rechnen, einen Erbhof bewirtschaften zu dürfen.

Wenn nun der Großteil der Rhönbevölkerung zum ‚wertvollen Volkstum' gehörte, was passierte mit denen, die aus dem Bild fielen? Im Rahmen der Untersuchungen gab es, trotz eigentlich geschlossenem Rassenbild tausende Menschen, die aufgrund von deviantem Verhalten ihrer selbst oder innerhalb der Familie, nicht in das Bild der nationalsozialistischen Bauernelite gepasst haben. Solche „Verfehlungen" waren zum Beispiel Trunkenheit, Gesetzesübertretungen jeglicher Art, vermeintliche Schizophrenie oder sogar Depressivität, welche für das Weitertagen des bäuerlichen Erbguts von größter Gefahr gewesen sind.[66] Innerhalb dieser

[64] vgl. Ewald Reppert: Rassenkundliche Erhebungen im Raume Fladungen (Rhön), Würzburg 1937 (Schriften aus dem Rassenpolitischen Amt er NSDAP bei der Gauleitung Mainfranken zum Dr.-Hellmuth-Plan 10), S. 25.
[65] Ebenda.
[66] Hohmann: Hakenkreuz, S. 174.

Personengruppen, gab es unterschiedliche Verfahrensweise um zu Verhindern, dass ‚minderwertiges' Erbgut weiter getragen wird. Die wohl harmloseste Form war der Einsatz der nicht-erbwürdigen bei der Erschließung der Rhön, in der Basalt- oder Holzindustrie, oder die Zwangsumsiedlung in andere Teile des Reiches. [67] Wiederrum andere wurden aufgrund „besonderer Merkmale" und Eigenarten, Opfer des Gesetzes zur Verhütung erbkranken Nachwuchses. Menschen mit körperlicher, geistiger oder charakterlicher Auffälligkeit, die jedoch gut im Dorf integriert waren, wurden in Heimen oder Lagern „bis zur physischen Vernichtung" untergebracht. Bei rassischen ‚Störenfrieden' (Mischlingsfälle), sah man die Zwangssterilisation und Heimunterbringung für Kinder, als beste Lösung an.[68] Die Menschen hatten sich nicht nur vor Zwangssterilisationen zu fürchten, sondern auch Zwangskastrationen, galten als „Mittel der Ausschaltung". So wurden z. B. in der Zeit von 1934 – 1936 zehn Männer im mainfränkischen Gau durch richterliches Urteil kastriert. Bei diesen Männern gingen die NS-Rassenbiologen davon aus, dass sie krankhafte Persönlichkeiten gewesen seien und deren „Krankheitsgrad" schuld an ihren Verfehlungen gewesen sei.

Gemeinhin waren dies nicht die einzigen Opfer von körperlichen ‚Ausschaltungen'. Es ist davon auszugehen, dass während 1933 bis zum Ende des Krieges und der Einstellung des Hellmuth Plans im bayrischen Teil der Rhön tausende Einwohner und manchmal sogar ganze Dörfer zwangssterilisiert wurden. Andere wurden inhaftiert, ermordet, verschleppt oder starben den „Euthanasietod".[69]

---

[67] Felbor: Rassenbiologie, S. 61.
[68] Joachim S. Hohmann: Agrar- und rassenpolitische Maßnahmen in der Rhön 1933 – 45. Ein Beitrag zur Geschichte der Ländlichen Soziaologie im NS-Staat – Ergebnisse eines Forschungsberichts, Hilders 1992, S. 30 – 31.
[69] Hohmann: Hakenkreuz, S. 174 – 179.

# V. Die Rhön - ein Notstandsgebiet?

Nachdem nun ausführlich auf die wirtschaftsstrukturellen und rassenpolitischen Zielsetzungen und Maßnahmen eingegangen wurde, möchte ich mich der Frage widmen, inwieweit bzw. ob die Rhön überhaupt ein Notstandsgebiet war und unbedingt einer ‚Rettung' durch Dr. Otto Hellmuths Plan bedurfte.

Zunächst jedoch die Anmerkung, dass die Nationalsozialisten im Rahmen ihrer Raumordnungspolitik die „Gesundung der Notstandsgebiete als besonders wichtige wirtschaftliche und soziale Aufgabe ansahen. Solche Gebiete seien besonders von den vorherigen liberalen Systemen und besonders der Demokratie geschädigt. Bei der Rhön handelte es sich also, in den Augen der NS-Raumplaner, um ein strukturbedingtes Notstandsgebiet mit Begleiterscheinungen wie zurückgehendem Rohstoffertrag, mangelnder Infrastruktur und vor allem ungünstiger rassischer und biologischen Eigentümlichkeiten der Bewohner.[70] Doch handelte es sich bei der Rhön tatsächlich um ein Gebiet mit außerordentlichem Notstand?

Zwar war die Rhön von je her ein problematisches Gebiet vor allem aus agrarischer Sicht. Ständige agrarische Umstrukturierungsprozesse, Ausdehnung und Rodung von Wäldern und noch dazu das raue Klima der Rhön führten zu „landschaftlichen Entmischungsprozesse[n]" die eine „Änderung des Landschaftscharakters" mit sich zogen.[71] Dadurch bedingt herrschten schon immer Einkommensverhältnisse, welche nicht unbedingt von einem Wohlstand zeugten, doch schon früh bemühte man sich um die Besserung dieser Umstände.

Schon gegen Ende des 18. Jahrhunderts und besonders in den 1850er Jahren waren die Bemühungen um die Landkultivierung in der Rhön besonders groß. Dafür wurden zahlreiche Gebiete der Rhön aufgeforstet, sodass die Waldfläche bis in die 1930er Jahre um die Hälfte gestiegen ist.[72] Auch von je her strebten die Rhön Bewohner nach einer Besserung des Bodens, was zu Beginn des 20. Jahrhunderts sogar mit Hilfe des Staates zunehmend durchgeführt wurde. Ebenso wurden schon zu dieser Zeit Pläne

---

[70] Leendertz: Ordnung, S. 135 – 138.
[71] Ulrich Reinfeld: Landschaftsentwicklungsplan Naturpark Hessische Rhön, Darmstadt 1977, S. 6.
[72] Hohmann: Hakenkreuz, S. 47 – 48.

in den Rhöngegenden ausgearbeitet, welche eine maßgebliche Verbesserung der Landwirtschaft oder Förderung der Rhönindustrie bewirken sollten. Stets war die ansässige Rhönbevölkerung im Bewusstsein, dass mehr Potential in ihren Weiden und Wiesen steckte und diese durch Kultivierung nutzbar gemacht werden könnten. Interessant an dieser Stelle ist es, dass schon zu dieser Zeit, nämlich im Jahre 1852 in der „Gemeinnützigen Wochenschrift", dem Rhönbauern jegliche Fähigkeit zur fachlichen Kultivierung abgesprochen wird – genauso wie es Otto Hellmuth später tat.[73] Das sich in diesem Punkt, die am Dr. –Hellmuth- Plan beteiligten Nationalsozialisten selbst widersprechen, zeigt die Arbeit von Josef Amrhein. Darin schreibt er, dass im Jahre 1928 von den Bewohnern in und um den Gemeinden Geroda und Platz ein „in bewundernswerter und zielstrebiger Gemeinschaftsarbeit ein großzügig angelegtes Straßennetz das bergige Wiesen – und Ackergelände" gebaut und somit „die notwendigen Voraussetzungen für eine zweckmäßige Intensivierung und Nutzbarmachung weiter Flächen brachliegenden Bodens" geschaffen wurden.[74]

Diese Tatkräftigkeit zur Landkultivierung konnte man bereits in 1900 bemerken. So wurden die Wiesen in der Hohen Rhön, im Roten Moor und an anderen Orten aufgeforstet und gehofft, dass dies das raue Klima beeinflusst. Positive Ergebnisse stellten sich eben so ein, sodass in der Tat teilweise eine Verbesserung der Anbaubedingungen zu beobachten war. Nach dem ersten Weltkrieg ruhte die „Hebung der Rhön" jedoch und geriet noch einmal in den 20er Jahren des 20. Jahrhunderts in eine Krise, da die nötigen Gelder nicht zur Verfügung gestellt werden konnten.[75] Doch auch zu dieser Zeit war von keiner außerordentlichen Notlage der Rhöner zu berichten. Während dieser Zeit kam es zur Publikation von „Kulturvorschriften" welche die bekannten Missstände in der Rhön beheben sollten. Ebenfalls interessant hierbei ist es, dass die Vorschläge ähnlich dem im Dr.-Hellmuth-Plan gewesen sind. Demnach kann man den Plan Otto Hellmuths nicht als eine maßgebliche Innovation zu Errettung der Bevölkerung bzw. eines Gebiets ansehen, sondern eher als eine Übernahme bereits bestehender Pläne, aufgeladen mit rassisch-ideologischem

---

[73] Ebenda, S. 50 – 54.
[74] Josef Amrhein: Die bevölkerungspolitische Lage der beiden Rhöndörfer Geroda und Platz, Würzburg 1937 (Schriften aus dem Rassenpolitischen Amt der NSDAP bei der Gauleitung Mainfranken zum Dr.Hellmuth-Plan 6), S. 7.
[75] Hohmann: Hakenreuz, S. 73.

Gedankengut, charakterisieren.[76] Die große Beschäftigung mit dem Thema der Rhönkultivierung schon in der Zeit vor der ‚Machtergreifung' macht auch deutlich, dass die Rhön nicht wie von den Nazis behauptet, ein vollkommenes Armenhaus oder gar Niemandsland gewesen ist.

Ein weiteres Indiz für keine vollkommene Armut ist die in den 20er Jahren verfasste Arbeit von Dr. Wilhelm Jansen aus Hilders, über die „Heimarbeit in der Rhön". Dieser stellte fest, dass der Rhöner durch seine Heimarbeit seine Not quasi selbst lindern konnte. Zwar gesteht er ein, dass die Verhältnisse, wie auch oben schon erwähnt, keineswegs an Wohlstand erinnern, dennoch lehnt er das Bild der Rhön als „Armenhaus" entschieden ab.[77] Zusätzlich zu der Heimarbeit, waren viele Rhöner Saisonarbeiter und verließen die Rhön um z.B. im Ruhrgebiet zu arbeiten. Was der Gauleiter Otto Hellmuth damals als extreme Arbeitslosigkeit deklarierte, war eine logische Konsequenz aus der „selbst heraufbeschworenen" Sperre der Arbeitsämter durch die Nationalsozialisten und dem Verbot von Wanderarbeit.[78]

Als letzten Punkt möchte ich einen weiteren Widerspruch der Nationalsozialisten anführen, der im Bezug zur „Übervölkerung" der Rhön steht. Auch wenn der Wirtschaftsberater der mainfränkischen Gauleitung Kurt Haßlinger in seiner Denkschrift die drastische Überbevölkerung der Rhön bemängelt, so verwundert doch, dass zwei Rassenbiologen im Zuge einer Arbeit feststellten, dass in der Rhön die Volksdichte nicht sehr hoch ist, sondern sie „im Gegenteil dünn besiedelt" ist. [79] Ebendiese Widersprüche und Berichte über die Bemühungen und Umstände in der Rhön vor der ‚Machtergreifung' machen klar und belegen, dass eine fälschliche Verbreitung bzw. Darstellung der Rhön als Notstandsgebiet lediglich der Propaganda für den Plan Hellmuths diente und das nationalsozialistische Aufbauwerk in einem guten Licht im In- und Ausland dastehen lassen sollte.

---

[76] Hohmann: Hakenkreuz, S. 55.
[77] Ebenda, S. 78.
[78] Ebenda, S. 81.
[79] Friedel Kremer und Hilde Walter: Bevölkerungsbiologie der Rhöndörfer Haselbach und Frankenheim vor der Rhön, Würzburg 1939 (Schriften aus dem Rassenpolitischen Amt der NSDAP bei der Gauleitung Mainfranken zum Dr.-Hellmuth-Plan 19), S. 47.

# VI. Fazit

Im Rahmen dieser Arbeit konnten ich herausstellen, welch teilweise schwerfällig Entwicklung die Raumplanung in Deutschland hatte. Nicht ohne Grund, hatte die Gesellschaft in der Nachkriegszeit Bedenken gegenüber diesem Planungsinstrument, welches in der Vergangenheit so viel Schaden angerichtet hatte. Die Ereignisse in der Rhön und der dort durchgeführte Dr. - Hellmuth – Plan, machen deutlich, welchen Schatten die NS-Zeit auf die Raumplanung geworfen hatte. Sie zeigen mit welcher Strenge und Rigorosität die nationalsozialistische Raumplanung in die ,betroffenen' Gebiete und sogar die Privatsphäre vieler Menschen in der Rhön Einzug hielt. Auch konnte im Rahmen der Arbeit herausgestellt werden, dass diese Pläne für die Rhön sichtlich keine wundersame Neuerung darstellen, sondern eher bisher bestehende Pläne aufgriff und ideologisch besetzte. Dies beantwortet auch die Frage nach der Kontinuität im Kleinen für die Rhön selbst und im Großen auf die Raumplanung der Nationalsozialisten insgesamt. Denn diese knüpfte ebenso an die Aufgaben und Ziele der in der Weimarer Republik betriebenen Raumordnungspolitik an und wurde nicht erst durch den Nationalsozialismus neu erfunden. Die Antwort auf Frage nach dem Anspruch und der Wirklichkeit ist relativ eindeutig: Der von Otto Hellmuth entworfene Plan zur ,Rettung der Rhön', war weder eine Innovation, noch eine tatsächlich benötigte Maßnahme. Die Rhön war zu diesem Zeitpunkt kein außerordentliches Armenhaus und weder die Rhönbewohner wünschten eine solche ,Rettung', noch zeigte der Plan eine tatsächliche positive Wirkung für Wirtschaft und Bevölkerung. Auch wenn er als großer Erfolg von Hellmuth gefeiert und überschwänglich dargestellt wurde, diente eine Verbreitung des Bilder der Rhön als ,Armenhaus' lediglich der Propaganda. Bei einer Bewertung der Verhältnisse bleibt sicherlich auch zu bedenken, dass diese nicht unter heutigen Maßstäben gelten können. Falsch ist es jedoch zu glauben, dass die Rhön Bewohner ohne diesen Plan, weder Straßennetzwerke, noch eine ordentliche Landkultivierung bewerkstelligt bekommen hätten. Auf jeden Fall ist es aber sicher, dass ohne diesen Plan nicht tausende Menschen in der Rhön ihren Besitz verloren hätten oder Euthanasie, Zwangssterilisationen, Deportationen oder sogar den Tod hätten erleiden müssen.

# VII. Quellen- und Literaturverzeichnis

Albers, Georg: Stadtplanung, Darmstadt 1988.

Amrhein, Josef: Die bevölkerungspolitische Lage der beiden Rhöndörfer Geroda und Platz, Würzburg 1937 (Schriften aus dem Rassenpolitischen Amt der NSDAP bei der Gauleitung Mainfranken zum Dr. Hellmuth-Plan 6).

Amrhein, Josef: Die bevölkerungspolitische Lage der beiden Rhöndörfer Geroda und Platz, Würzburg 1937 (Schriften aus dem Rassenpolitischen Amt der NSDAP bei der Gauleitung Mainfranken zum Dr.Hellmuth-Plan 6).

Bartram, Gesa: Die Ziele der Raumordnung. Ein Planungsinstrument im Spannungsfeld zwischen gewachsenem Steuerungsanspruch und verfassungsrechtlichen Anforderungen, Bade-Baden 2010 (Studien zu Staat, Recht und Verwaltung 20).

Battis, Ulrich: Öffentliches Baurecht und Raumordnungsrecht, Stuttgart [5]2006.

Brost, Kurt: Die Erb- und Rassenbiologie als wesentlicher Bestandteil der Bevölkerungspolitik. Anthropologische Untersuchung der Rhönbevölkerung, in: Bevölkerungsfragen. Bericht des Internationalen Kongresses für Bevölkerungswirtschaft, München und Würzburg 1936 (Schriften aus dem Rassenpolitischen Amt der NSDAP bei der Gauleitung Mainfranken zum Dr.-Hellmuth-Plan 3), S. 846 – 848.

Felbor, Ute: Rassenbiologie und Vererbungswissenschaft in der Medizinischen Fakultät der Universität Würzburg 1937 – 1945, Würzburg 1995 (Würzburger medizinhistorische Forschungen 3).

Haßlinger, Kurt: Denkschrift zur Besserung und Hebung der wirtschaftlichen und kulturellen Verhältnisse in Rhön und Spessart (1933), in: Zöller, Theodor: Meine Rhön. Von der mittelalterlichen Wegspinne zur A71 mit Raststätte Mellrichstädter Höhe, Bd. 2, Ostheim 2005.

Haubner, Karl: Zur Entwicklung der Raumplanung in Deutschland, in: Disp 127 (1996).

Heinemann, Isabel: Wissenschaft und Homogenisierung für Osteuropa. Konrade Meyer, der ‚Generalplan Ost' und die Deutsche Forschungsgemeinschaft, in: Heinemann, Isabel und Wahner, Partick (Hrsg.): Wissenschaft, Planung, Vertreibung. Neuordnungskonzepte und Umsiedlungspolitik im 20. Jahrhundert, München 2006 (Beiträge zur Geschichte der Deutschen Forschungsgemeinschaft 1).

Hohmann, Joachim S.: Die thüringische Rhön im Dritten Reich, Erfurt 1999.

Hohmann, Joachim S.: Landvolk unterm Hakenkreuz. Agrar- und Rassenpolitik in der Rhön. Ein Beitrag zur Landesgeschichte Bayerns, Hessens und Thüringens, Bd.1, Frankfurt am Main 1992.

Hohmann Joachim S.: Agrar- und rassenpolitische Maßnahmen in der Rhön 1933 – 45. Ein Beitrag zur Geschichte der Ländlichen Soziologie im NS-Staat – Ergebnisse eines Forschungsberichts, Hilders 1992, S. 30 – 31.

Kremer, Friedel und Walter, Hilde: Bevölkerungsbiologie der Rhöndörfer Haselbach und Frankenheim vor der Rhön, Würzburg 1939 (Schriften aus dem Rassenpolitischen Amt der NSDAP bei der Gauleitung Mainfranken zum Dr.-Hellmuth-Plan 19).

Langenhagen-Rohrbach, Christian: Raumordnung und Raumplanung, Darmstadt [2]2010 (GEOWISSEN Kompakt).

Leendertz, Ariane: Ordnung schaffen. Deutsche Raumplanung im 20. Jahrhundert, Göttingen 2008.

Lenz, Fritz: Über Wege und Irrwege rassenkundlicher Untersuchungen, in: Zeitschrift für Morphologie und Anthropologie, Erb- und Rasenbiologie 39 (1941), S. 398 – 413.

Muhs, Hermann: Die Raumordnung in der nationalsozialistischen Staatspolitik, in: Raumordnung und Raumforschung1 (1937), S. 517 – 523.

Oberkrome, Willi: Deutsche Heimat. Nationale Konzeption und regionale Praxis von Naturschutz, Landschaftsgestaltung und Kulturpolitik in Westfalen-Lippe und Thüringen 1900-1960, Paderborn 2004.

Pahl-Weber, Elke: Die Reichsstelle für Raumordnung und die Ostplanung, in: Rössler Mechthild, und Schleiermacher, Sabine (Hrsg.): Der Generalplan Ost. Hauptlinien der nationalsozialistischen Planungs- und Vernichtungspolitik, Berlin 1993.

Pyta, Wolfram: Menschenökonomie. Das Ineinandergreifen von ländlicher Sozialraumgestaltung und rassenbiologischer Bevölkerungspolitik im NS-Staat, in: Historische Zeitschrift 273 (2001), S. 31 – 94.

Reinfeld, Ulrich: Landschaftsentwicklungsplan Naturpark Hessische Rhön, Darmstadt 1977.

Reppert, Ewald: Rassenkundliche Erhebungen im Raume Fladungen (Rhön), Würzburg 1937 (Schriften aus dem Rassenpolitischen Amt er NSDAP bei der Gauleitung Mainfranken zum Dr.-Hellmuth-Plan 10).

Schmidt-Kehl, Ludwig: Der Mensch in der Rhön, in: Raumordnung und Raumforschung 2 (1938), S. 73 – 74.

Silverman, Dan P.: Hitler's Economy. Nazi Work Creation Programms 1933 – 1936, Harvard 1998.

Weiland, Ulrike und Wohlleber-Feller, Sandra: Einführung in die Raum- und Umweltplanung, Paderborn 2007.

Wiepking-Jürgensmann, Heinrich: Aufgaben und Ziele der deutschen Landschatfspolitik, in: Raumordnung und Raumforschung 3 (1939), S. 365 – 368.